Que la Paz y la Felicidad Prevalezcan

Discurso de clausura de
Sri Mata Amritanandamayi
pronunciado en la ceremonia final del
Parlamento de las Religiones del Mundo
Barcelona, España,
13 de julio de 2004

Mata Amritanandamayi Center, San Ramon
California, Estados Unidos

Que la Paz y la Felicidad Prevalezcan

Publicado por:
 Mata Amritanandamayi Center
 P.O. Box 613
 San Ramon, CA 94583
 Estados Unidos

—— *May Peace and Happiness Prevail (Spanish)* ——

Primera edición por MA Center: septiembre de 2016

En España: www.amma-spain.org

En la India:
 inform@amritapuri.org
 www.amritapuri.org

Contenido

Prólogo..5
  por **Federico Mayor Zaragoza**
  Ex-Secretario General de la UNESCO y
  Presidente de la Fundación
  "Cultura de Paz", Madrid.

Introducción...9
  por **Swami Amritaswarupananda Puri**
  Mata Amritanandamayi Math

Discurso de Clausura..................................19
  por **Sri Mata Amritanandamayi**

Prólogo

Todos juntos podremos, en un inmenso clamor, cambiar el curso de los acontecimientos actuales. Cada ser humano único, capaz de crear, es nuestra esperanza.

Amma nos advierte: "Vivimos tan deprisa que se nos olvida la más grande de las verdades: la fuente de los problemas se encuentra en la mente humana". Como en el verso del gran escritor norteamericano Archibald Mc Leish, con el que se inició el espléndido preámbulo de la luminosa Constitución de la UNESCO: "Puesto que las guerras nacen en la mente de los hombres, es en la mente de los hombres donde deban elevarse los baluartes de la paz".

La verdadera educación libera y nos permite actuar de acuerdo con nuestras propias decisiones, sin actuar al dictado de nadie. Los medios de comunicación, tan útiles, pueden también, por su omnipresencia y atractivo, convertirnos en espectadores pasivos, uniformizarnos, hacernos dóciles a sus ofertas, someternos a sus recomendaciones interesadas. Es imprescindible tener tiempo para pensar, para sentir, para escuchar, para conocer a los demás, para – lo que es muy difícil – conocernos a nosotros mismo. "Es esencial que conozcamos el mundo interior tanto como conocemos el mundo exterior", dijo Amma en el Parlamento de las Religiones del mundo. Y añadió: "El amor y la compasión son la esencia de todas las religiones... El amor no tiene limitaciones de castas, religiones, razas o nacionalidad".

¡Erradicar la pobreza, paliar o evitar el sufrimiento! Para ello es necesario dar y darse. Dar todo lo que podamos pero, sobre todo, dar nuestro tiempo. Nuestro conocimiento, nuestra fraternidad. La pobreza material de muchos es el resultado de la pobreza espiritual de quienes podrían socorrerlos. Es, debe subrayarse con apremio, el resultado de una cultura de fuerza, de imposición, de predominio. Y de quienes – personas e instituciones – se callan en lugar de expresar libremente sus protestas y sus propuestas.

Ha llegado el momento de la cultura del diálogo, de la conciliación, del entendimiento. Ha llegado el momento de la cultura de la paz, de la mano tendida, de las voces unidas. ¡Por fin, el siglo de la gente! ¡Por fin, todos distintos pero todos unidos! Se iniciará así una nueva etapa en la historia de la humanidad.

Amma pide que trabajemos en favor de los otros, de los más menesterosos. Deseo que se cumpla su plegaria: "Que el árbol de la vida quede firmemente enraizado en la tierra del amor".

Federico Mayor Zaragoza
Ex-Secretario General de la UNESCO y
Presidente de la Fundación
"Cultura de Paz", Madrid.
Agosto 2004

Introducción

Actualmente solemos asociar conceptos como la diversidad y las diferencias religiosas y culturales con conflicto, guerra y terrorismo. El mundo ha cambiado desde el 11 de septiembre de 2001; nuestra conciencia colectiva se ha cargado de temor, sospecha e incluso hostilidad hacia aquellos que son diferentes de nosotros. En este momento histórico, la celebración de un encuentro interreligioso internacional parece más necesario que nunca. El mundo está sediento de una voz que nos inspire a unirnos en paz. En el Parlamento de las Religiones del Mundo, celebrado en Barcelona, Amma fue esa voz. La sabiduría eterna y universal de sus palabras nos llega, nos habla, con una extraordinaria energía en este momento crítico.

Cuando Amma caminó hacia el estrado, toda la audiencia se levantó y aplaudió. Un periodista dijo: "Su personalidad es tal que uno siente una atracción espontánea hacia Ella. Y Ella es, desde luego, diferente y única, no como otros maestros espirituales." El auditorio estaba lleno a rebosar, y se ocuparon todos los asientos y los pasillos de la sala. Se podía percibir el aire impregnado de profunda reverencia e incontenible emoción. Amma iba a dar la conferencia de clausura en la sesión plenaria que ponía broche final a siete días de Parlamento. El tema de este Parlamento era "Senderos de paz: el arte de saber escuchar, el poder del compromiso." ¿Qué enseñanza nos otorgaría este extraordinario ser espiritual en esta ocasión? ¿Cómo podría Amma sintetizar la esencia de centenares de conferencias, discusiones y encuentros, que tuvieron lugar durante este acontecimiento, en un mensaje sencillo e integrador? Tan pronto se puso Amma a hablar, llegó la respuesta. Los auténticos problemas a los que nos enfrentamos actualmente y los caminos para resolverlos, fueron expuestos uno tras otro. Amma fue capaz de reunir todos los mensajes, enseñanzas y caminos en uno solo, pues ese es el papel que desempeña un auténtico maestro espiritual. Como siempre, sus palabras fueron sencillas, aunque profundas. El discurso de Amma expresó los principios espirituales más profundos a través de cautivadoras historias, ejemplos prácticos y bellas analogías. Ella consiguió abarcar todos los aspectos de la vida en su breve, pero poderoso discurso.

La conferencia de Amma trató, en primer lugar, sobre cómo considerar el talento que Dios nos ha dado. Incrementando nuestro poder espiritual innato, más que el poder en sus variadas formas materiales, podemos conseguir una verdadera paz y contentamiento interior. Más que culpar a la religión por la frustración perpetua que afronta la humanidad en su búsqueda de felicidad, el discurso nos ofreció una refrescante visión de la religión y la espiritualidad, una visión que es bien necesaria en el mundo actual. Al tiempo que nos exhortaba a que viéramos y entendiéramos la esencia de la religión desde una perspectiva espiritual, Amma nos recordaba: "Donde hay auténtica experiencia espiritual no hay división, solo unidad y amor."

Advirtiéndonos contra el fanatismo religioso, Amma anota: "El problema aparece cuando decimos: 'Nuestra religión es la correcta y la vuestra está equivocada.' Es como decir: '¡Mi madre es buena y la tuya una prostituta!'" Pero Ella también nos indica una solución: "El amor es la única religión que puede llevar a la humanidad hasta lo más alto. El amor debería ser el único hilo que uniera a todas las religiones y filosofías." Ella viene a decir que despertar la unidad y expandir amor requiere que respetemos la diversidad y escuchemos a los demás con un corazón abierto.

Amma también trató de una forma maravillosa el tema de la guerra, abogando por dedicar el dinero y el esfuerzo que destinamos a la guerra, a conseguir la paz mundial. Sugirió que de esta manera "reinarían definitivamente en el mundo la paz y la armonía." Una vez más, Amma vino a decir que la llave para vencer los enemigos externos e internos no está en la coerción física o ideológica, sino en la espiritualidad.

La noción de pobreza, que es otro de los problemas globales actuales, fue redefinida por Amma. Tras indicarnos que la pobreza puede ser de dos tipos, física y espiritual, Amma nos urge a que demos prioridad a la espiritual, pues sólo de esta forma conseguiremos una solución permanente para ambas.

Las enseñanzas de Amma siempre nos llevan más allá de nuestras diferencias personales y deseos, y nos animan a experimentar la unidad que subyace en la humanidad. En Barcelona, al final de su discurso, enfatizó de nuevo en este mensaje de unidad. A través de una conmovedora historia sobre un arco iris, Amma nos mostró cómo la diversidad y la unidad pueden coexistir, bastaría con darse cuenta de que nuestra propia felicidad se obtiene haciendo felices a los demás.

Amma ha dicho muy a menudo que servir a los pobres es nuestro deber supremo hacia Dios. Por tanto, finalizó su discurso con una llamada de claro compromiso hacia sus hijos, con estas palabras: "Nos tendríamos que comprometer a trabajar media hora extra cada día en beneficio de los que sufren. Esta es la petición que formula Amma." ¿Quién está más cualificado que Ella para hablar de la importancia y la belleza del servicio desinteresado? Unas palabras así adquieren una dimensión persuasiva, totalmente diferente, cuando proceden de alguien que ha esculpido tan magistralmente su vida, convirtiéndola en una imagen de sus propias enseñanzas.

Tras las palabras de Amma, siguió un clamoroso aplauso con todo el auditorio en pie.

Aquella noche, aunque no formaba parte del programa original (de hecho, el Parlamento había concluido), Amma dio darshan. Una multitud de admiradores y un gran número de representantes oficiales y delegados del Parlamento acudieron a recibir sus bendiciones.

El darshan se celebró en una carpa situada en un mirador del Mar Mediterráneo. Había sido colocada por la comunidad sikh para servir comidas a los delegados del Parlamento. Amma llegó a la carpa al poco de abandonar el gran auditorio del Forum, y de un modo natural se dirigió hacia la silla que había sido instalada en aquel lugar momentos antes (por alguien que no estaba seguro de que Amma pudiera dar darshan). Y sin más contemplaciones empezó a recibir a las personas, abrazándolas a todas del modo único en que suele hacerlo Amma. A los pocos minutos, a pesar de no haber ningún equipo de sonido, algunos empezaron a cantar bhajans y enseguida se unieron todos los demás. El darshan, que continuó hasta altas horas de la noche, parecía una manifestación de lo que Amma había pedido en su discurso pocas horas antes: allí estaban reunidas personas de toda Europa, de todo el mundo, de diferentes religiones, todos juntos viviendo la experiencia del amor. La diversidad se hizo unidad, la base para la paz.

Durante la noche, el líder de los sikhs, con un gran grupo de seguidores, se presentó para honrar a Amma. Tras unas palabras de reverencia y bienvenida, introdujo ambas manos en un gran recipiente y las extrajo llenas de pétalos. Exuberante se las mostró a Amma. Ella correspondió a aquel gesto, tomando los pétalos en sus manos y, a modo de bendición, los lanzó sobre el líder sikh y sus seguidores.

Y, a continuación, aconteció nada menos que un milagro. Amma empezó a preocuparse porque había personas que habían estado con Ella durante muchas horas y no habían comido nada. Los sikhs ofrecieron lo que les había sobrado: unas 150 raciones de comida. Cuando el darshan terminó, Amma fue directamente a las mesas y empezó a servir la cena a sus hijos. Una y otra vez, ella ajustaba las porciones de cada alimento en el plato, calculando con precisión para asegurarse de que llegaría para todos. Y Ella lo consiguió, al final sirvió a todos una cena completa, sin que quedara ningún resto en las cazuelas ni se desperdiciara nada. No se puede explicar cómo Amma logró que la comida destinada a unas ciento cincuenta personas llegara a más de mil, sin que nadie se quedara con hambre y no se perdiera nada.

A las pocas horas de acabar el darshan y de alimentar a sus hijos, Amma estaba de nuevo en el aeropuerto, cuando aún no habían transcurrido veinticuatro horas desde su llegada. El Parlamento se celebró mientras Amma estaba en su gira anual por Estados Unidos. Ella salió nada más acabar el programa de Chicago, dio su discurso y su improvisado darshan, y volvió a tiempo para su siguiente programa en Washington, D.C.

Barcelona se convirtió en otra plataforma para el mensaje de Amor continuo de Amma. De hecho, el Amor lo conquista todo. Dejemos, pues, que se abran nuestros corazones y entreguémonos a ese Amor. Las palabras de un mahatma [gran alma] son como semillas plantadas en el suelo fértil de nuestros corazones. Si el suelo es receptivo y maduran las semillas, podrán producir grandes árboles, dar frutos y sombra a muchas personas que lo necesitan. Que las palabras de Amma germinen y crezcan en nuestros corazones, haciendo nuestras vidas fructíferas y beneficiosas para el mundo.

Como conclusión a estas palabras, permitidme que recuerde una nota de un artículo que apareció en uno de los periódicos españoles más importantes, el Periódico: "Amma es un buen as espiritual en un mundo que está falto de fe."

Sí, Ella ciertamente nos guía hacia la última meta, que está más allá de toda debilidad mental, hace que se desarrolle todo nuestro potencial, y nos aporta paz y tranquilidad en todas las circunstancias de la vida.

Swami Amritaswarupananda Puri
Vice-Presidente de
Mata Amritanandamayi Math,
Amritapuri

Que la Paz y la Felicidad Prevalezcan

Discurso de clausura de
Sri Mata Amritanandamayi
pronunciado en la ceremonia final
del Parlamento
de las Religiones del Mundo
Barcelona, España,
13 de julio de 2004

Amma se inclina ante todos, que sois ciertamente la encarnación del puro amor y de la Conciencia Suprema. El esfuerzo y el autosacrificio de las personas que han sido capaces de organizar un encuentro tan grandioso como éste, está más allá de las palabras. Amma se inclina, simplemente, ante esta muestra de generosidad.

Las habilidades que Dios nos ha dado son un tesoro, tanto para nosotros como para el mundo entero. Esta riqueza no debería ser mal utilizada ni convertirla en una carga para nosotros y para los demás. La tragedia más grande de nuestra vida no es la muerte. La tragedia más grande se da cuando utilizamos nuestro talento y capacidad por debajo de sus posibilidades, y dejamos que se oxiden a lo largo de nuestra vida. Cuando utilizamos los recursos de la naturaleza, éstos disminuyen; pero cuando utilizamos la riqueza de nuestras capacidades internas, éstas aumentan.

Pero, ¿estamos realmente utilizando nuestras habilidades? ¿Cuál ha sido la meta de la humanidad? ¿Qué han anhelado conseguir los humanos? ¿No ha sido siempre nuestro objetivo conseguir la máxima felicidad y alegría posibles, tanto en nuestra vida personal como en toda la sociedad? Sin embargo, ¿dónde nos encontramos ahora? La mayoría de nosotros vamos de un error a otro, lo que empeora todavía más nuestros problemas.

Cada país ha intentado incrementar su poder político, militar, armamentista, económico, científico y tecnológico. ¿Queda todavía algo que no hayamos probado o explorado? Todos seguimos centrando nuestro interés en estas cosas. Después de poner en práctica durante tanto tiempo estos métodos, ¿acaso hemos logrado una verdadera paz o contentamiento? La respuesta es que no. El tiempo nos ha demostrado que esos métodos, por sí solos, no pueden asegurar nuestro contentamiento. Únicamente cuando dejemos que el poder espiritual –con el cual nunca hemos experimentado– se desarrolle, a la vez que todas esas diferentes áreas, podremos obtener la paz y el contentamiento que buscamos.

En realidad, la única diferencia que hay entre la gente que vive en países ricos y la gente que vive en países pobres, es que los primeros lloran en sus mansiones con aire acondicionado y los segundos lloran sobre el suelo de tierra de sus chozas. Una cosa está clara: aquellos que una vez desearon sonreír y ser felices, ahora lloran en muchas partes del mundo. La tristeza y el sufrimiento empiezan a ser una constante en muchos países. No tiene sentido culpar sólo a la religión de esta situación. La causa mayor de estos problemas se encuentra en cómo la gente ha interpretado la religión y la espiritualidad.

Hoy en día, buscamos en lo externo la causa y la solución de todos los problemas del mundo. Vivimos tan deprisa que se nos olvida la más grande de las verdades: que la fuente de todos los problemas se encuentra en la mente humana. Olvidamos que el mundo podrá ser bueno sólo cuando lo sea cada una de las mentes humanas. Por tanto, además de una comprensión del mundo exterior, es esencial que también lleguemos a conocer nuestro mundo interior.

En cierta ocasión, se celebró la puesta en marcha de un superordenador. Tras la ceremonia de inauguración, se invitó a los asistentes a formular las preguntas que desearan y el superordenador las resolvería en pocos segundos. Cada uno de los asistentes procuró plantear las preguntas más complejas sobre ciencia, historia, geografía y otros temas. Tras cada pregunta, aparecía inmediatamente en pantalla la respuesta correcta. Entonces, un niño se levantó y le hizo al superordenador una pregunta muy simple: "Hola, superordenador, ¿qué tal estás hoy?" Pero en esa ocasión no hubo respuesta; ¡la pantalla se quedó en blanco! Aquel ordenador podía responder preguntas sobre todas las cosas, excepto sobre sí mismo.

La mayoría de nosotros vivimos en un estado similar al de este ordenador. A través de nuestra comprensión del mundo exterior, necesitamos desarrollar conocimientos sobre el mundo interior.

Cuando nuestro teléfono se estropea, llamamos a la compañía telefónica para que lo repare; cuando no recibimos bien un programa de televisión por cable, la compañía nos lo soluciona; y cuando nuestra conexión con internet no funciona, un experto en informática la restablece. De la misma manera, la espiritualidad es el medio que restaura nuestra conexión interior con la Divinidad. La ciencia de la espiritualidad pone de nuevo en nuestras manos "el control remoto" de nuestra mente.

Hay dos tipos de educación. La educación para ganarse la vida y la educación para saber cómo vivir. Cuando estudiamos en la universidad intentamos conseguir un título para ejercer como abogados, ingenieros o médicos. Esta es la educación para ganarse la vida. Pero la educación sobre cómo vivir requiere una comprensión de los principios esenciales de la espiritualidad. Por este medio obtenemos una comprensión profunda del mundo, de nuestra mente y emociones, así como de nosotros mismos. Todos sabemos que el verdadero objetivo de la educación no pretende formar personas que sólo entiendan el lenguaje de las máquinas. El principal propósito de la educación debería ser una formación del corazón, una formación asentada en valores espirituales.

Si nos quedamos con la parte superficial o externa de la religión, esa visión creará más y más división. Necesitamos ver y entender la parte interna, la esencia de la religión, desde una perspectiva espiritual. Sólo así pondremos fin al sentimiento de división. Donde hay división, no puede haber una verdadera experiencia espiritual; y donde hay auténtica experiencia espiritual no hay división, solo unidad y amor. Los líderes religiosos deberían estar preparados para trabajar de acuerdo con estos principios, y hacer que sus seguidores sean conscientes de estas verdades.

El problema aparece cuando decimos: "Nuestra religión es la correcta y la vuestra está equivocada." Es como decir: "¡Mi madre es buena y la tuya una prostituta!" El amor y la compasión son la esencia misma de todas las religiones. ¿Qué necesidad hay, pues, de competir?

El amor es nuestra auténtica esencia. El amor no tiene limitaciones de religión, raza, nacionalidad o casta. Todos formamos parte del mismo collar unidos por el hilo del amor. La auténtica meta de la vida humana es la de despertar a esa unidad y compartir con los demás el amor, que es nuestra naturaleza innata.

Ciertamente, el amor es la única religión que puede llevar a la humanidad hasta lo más alto. El amor debería ser el único hilo que uniera a todas las religiones y filosofías. La belleza de la sociedad reside en la unidad de corazones.

Hay mucha diversidad en Sanatana Dharma, la antigua tradición espiritual de la India. Cada persona es única y posee una constitución mental diferente. Los antiguos sabios nos ofrecieron multitud de caminos, para que cada ser pudiera elegir el que le resultara más adecuado. Ni todas las cerraduras se pueden abrir con la misma llave, ni a todos les gusta la misma clase de comida o ropa. Esta diversidad es aplicable igualmente a la espiritualidad, pues el mismo camino no sirve a todos por igual.

Reuniones y conferencias como ésta deberían poner más énfasis en la espiritualidad, en la esencia interna de la religión. Esta es la única manera de lograr paz y unidad. Este encuentro no debe ser sólo una reunión de cuerpos. En ocasiones como ésta, se debería dar un verdadero encuentro en el que podamos ver y conocer nuestros mutuos corazones.

La comunicación a través de las máquinas ha acercado la distancia entre las personas; pero la ausencia de comunicación entre nuestros corazones, ha hecho que nos sintamos muy lejanos a pesar de estar físicamente cerca.

Este no debe ser un encuentro más en el que todos hablan, nadie escucha y todos discrepan.

El escuchar a los demás es importante. Quizás oigamos y veamos muchas cosas en la vida, en el mundo, pero no deberíamos entrometernos en los asuntos de los demás, pues eso puede acarrear graves consecuencias. Amma recuerda una historia.

En cierta ocasión, un hombre pasaba por delante de un manicomio y oyó una voz que gimoteaba: "13, 13, 13, 13..." El hombre se acercó para localizar el lugar de donde provenía el sonido. Vio un agujero en la pared, se percató de que el sonido procedía del otro lado. Lleno de curiosidad, puso su oreja en el interior del agujero, esperando oír mejor. De repente, sintió un enorme mordisco en su oreja. Mientras el hombre gritaba de dolor, oyó cómo la misma voz gimoteaba: "¡14, 14, 14, 14...!"

Conviene utilizar nuestra capacidad de discernimiento para distinguir entre aquello a lo que deberíamos prestar atención y lo que no.

Los verdaderos líderes religiosos aman y adoran a toda la Creación, viéndola como la Conciencia de Dios. Ellos ven la unidad en la diversidad. Sin embargo, hoy en día, muchos líderes religiosos tergiversan las palabras y experiencias de los antiguos sabios y profetas, explotando las mentes débiles de la gente.

Religión y espiritualidad son las llaves con las que podemos abrir nuestros corazones y ver a todos con compasión. Pero, cegados por nuestro egoísmo, se ha distorsionado nuestra visión y la mente ha perdido su capacidad de discernimiento. Esta actitud sólo genera más oscuridad. La misma llave que sirve para abrir nuestros corazones, la utiliza nuestra mente para cerrarlos indiscriminadamente.

Se cuenta que una vez cuatro hombres, que iban a asistir a una conferencia religiosa, tuvieron que pasar la noche en una isla. Era una noche muy fría. Cada uno tenía en su bolsa una caja de fósforos y unos cuantos trozos de madera, pero cada uno pensaba que él era el único que tenía la madera y los fósforos.

Uno de ellos pensó: "A juzgar por la medalla que lleva colgada al cuello, diría que este otro hombre debe ser de otra religión. Si enciendo fuego, él también se beneficiará de su calor. ¿Por qué voy a utilizar mi preciosa madera para que se caliente él?"

El segundo hombre se dijo: "Esta persona es de un país que siempre ha estado luchando contra nosotros. ¡Ni en sueños quemaría mi madera para que él se sintiera más confortable!"

El tercer hombre se fijó en uno de los otros, y pensó: "Conozco a este individuo. Pertenece a una secta que siempre crea problemas en mi grupo religioso. ¡No voy a malgastar mi madera para favorecerlo!"

El último se dijo: "Este hombre tiene la piel de distinto color y ¡odio eso! De ninguna manera, emplearé mi madera para que él se beneficie!"

Al final, ninguno de ellos quiso compartir su leña para calentar a los tros, y a la mañana siguiente aparecieron muertos de frío. Igualmente, nosotros albergamos enemistad hacia los demás en nombre de la religión, nacionalidad, color y casta, sin mostrar ninguna compasión hacia nuestro prójimo.

La sociedad moderna se parece a una persona que padece fiebre muy alta. Cuanto más sube la fiebre, más tonterías dice el paciente. Señalando una silla en el suelo, esa persona puede que diga: "¡Oh, la silla me está hablando! Mira, ¡está volando!" En este caso, ¿qué respuesta podemos darle? ¿Cómo vamos a demostrarle que la silla no está volando? Sólo hay una manera de ayudarle: darle un antitérmico para que le baje la fiebre. Cuando se reduzca la fiebre, recuperará su estado normal.

En la actualidad, la gente sufre por la fiebre del egoísmo, la avaricia, los deseos incontrolados, etc.

La religión y la espiritualidad conforman el camino que ayuda a transformar nuestra ira en compasión, nuestro odio en amor, nuestros pensamientos lujuriosos en pensamientos divinos, y nuestros celos en simpatía. Sin embargo, en nuestro estado de oscuridad mental, la mayoría de nosotros no lo comprendemos.

La sociedad está conformada por individuos. Es el conflicto en la mente individual lo que se manifiesta como guerra. Cuando cambien los individuos, la sociedad cambiará automáticamente. Al igual que existe el odio y la venganza en la mente, también puede existir el amor y la paz.

Para mantener las guerras, gastamos billones de dólares y ponemos en peligro la vida de innumerables personas. ¡Pensemos en la atención e intenso esfuerzo que requiere este proceso! Si se utilizara una mínima parte de ese dinero y esfuerzo para la paz mundial, reinarían definitivamente en el mundo la paz y la armonía.

Todos los países gastan grandes cantidades de dinero en sistemas de seguridad. La seguridad es indispensable, pero nos hemos olvidado de que la mayor seguridad se consigue al comprender y vivir de acuerdo con los principios espirituales.

Hoy en día, no podemos dominar a los enemigos que nos atacan, externa o internamente, incrementando sólo la fuerza de nuestras armas. No tardaremos en redescubrir y fortalecer nuestra arma más poderosa: la espiritualidad, que es inherente en todos nosotros.

Hay más de un billón de personas en este mundo que sufren pobreza y hambre. Ese es verdaderamente nuestro peor enemigo. La pobreza es una de las razones básicas por la cual mucha gente roba, mata o se convierte en terrorista. Es también la razón por la que la gente se prostituye. La pobreza no sólo afecta al cuerpo, sino que también debilita la mente. Una mente así puede verse fácilmente influenciada, en nombre de la religión, y ser inyectada con el veneno de ideales terroristas. Viéndolo de este modo, Amma considera que el 80% de los problemas de la sociedad podrían resolverse erradicando la pobreza.

La raza humana, en general, camina sin una meta clara.

Un hombre que iba conduciendo, se paró en un cruce y preguntó a un peatón: "¿Podría indicarme a dónde lleva esta carretera?"

El peatón respondió, "¿A dónde desea ir?
El conductor dijo: "No lo sé."

"Bien –dijo el peatón– entonces poco importa la carretera que siga."

Nosotros necesitamos tener una meta clara, y no actuar como ese conductor.

A Amma le preocupa la dirección que está tomando el mundo. Si en un futuro, hay una tercera guerra mundial, esperemos que no sea entre países, sino para combatir a nuestro principal enemigo: la pobreza.

En el mundo actual, la gente sufre dos tipos de pobreza. La causada por falta de comida, de ropa y de hogar; y la pobreza por falta de amor y compasión. De estos dos tipos de pobreza, el segundo es el primero en importancia, porque si tenemos amor y compasión en nuestros corazones, serviremos con agrado a aquellos que sufren por falta de alimento, vestido y hogar.

La sociedad no va a cambiar por la situación de la era actual, sino gracias a los corazones llenos de compasión. Las religiones deben ser capaces de crear más corazones compasivos. Este debería ser el principal objetivo de la religión y la espiritualidad.

Para proteger este mundo, debemos elegir el camino que trascienda los deseos personales y las diferencias entre nosotros. Perdonando y olvidando, podemos intentar recrear y dar una nueva vida a este mundo. Escudriñar en el pasado no beneficia a nadie. Necesitamos abandonar el camino de la venganza y la represalia, y observar la situación del mundo presente con imparcialidad. Sólo entonces descubriremos el camino del verdadero progreso.

La auténtica unidad – ya sea entre los seres humanos o entre la humanidad y la naturaleza – sólo vendrá a través de nuestra fe en el inmenso poder de nuestro ser interior, que está más allá de todas las diferencias externas.

Un arco iris no sólo tiene esplendor visual, sino también un simbolismo que nos ayuda a expandir la mente. Un arco iris adquiere forma por la convergencia de siete colores, y por ello resulta tan bello y atractivo. De igual modo, tendríamos que reconocer y aceptar, en toda su belleza, las diferencias creadas por la religión, la nacionalidad, el lenguaje y la cultura. Debemos unir nuestras manos para dar importancia primordial al bienestar de la humanidad y a los valores humanos universales.

Un arco iris aparece y desaparece del cielo en pocos minutos. Durante ese ciclo tan corto de vida, el arco iris es capaz de hacer felices a todos. Igual que el arco iris, que aparece tan brevemente en el cielo infinito, nuestro tiempo de vida, que aparece sólo en un breve momento dentro del espacio interminable del tiempo, es también muy corta e insignificante. Mientras vivimos en este mundo, nuestro deber o dharma es beneficiar de algún modo a los demás. Sólo cuando despierta la bondad en el interior del individuo, adquieren fuerza y belleza nuestra personalidad y nuestras acciones.

Había una vez una pequeña niña en una silla de ruedas. Su discapacidad la hacía sentir enojada y frustrada con la vida. Abatida y triste, se pasaba todo el día asomada a la ventana viendo con envidia cómo jugaban, corrían, saltaban y brincaban los otros niños. Un día mientras miraba por la ventana, empezó a llover. De repente, un bello arco iris apareció en el cielo. En aquel mismo instante, la pequeña niña se olvidó de su discapacidad y de su tristeza. Los colores del arco iris la llenaron de alegría y esperanza. Pero, entonces, dejó de llover y el arco iris desapareció de la misma manera que había aparecido. Al recordar los colores del arco iris, se sintió llena de una inmensa paz y alegría. Después preguntó a su madre dónde se había ido el arco iris. Su madre le contestó: "Hija mía, los arco iris surgen en momentos muy especiales. Sólo aparecen cuando coinciden el sol y la lluvia." Desde aquel día, la pequeña niña esperaba con impaciencia, asomada a la ventana, a que coincidieran el sol y la lluvia. Ya no le importaba ver cómo jugaban los otros niños. Finalmente, en un brillante día de sol empezó a llover inesperadamente, y apareció en el infinito el más divino de los arco iris. La niña quedó embargada por una alegría inmensa, y llamó a su madre para que la llevara junto al arco iris. Para complacerla y evitar que se sintiera triste, la madre la subió en el coche y se dirigieron hacia donde estaba el arco iris. Llegaron por fin a un punto en el que podía divisarse mucho mejor. La madre detuvo el coche y ayudó a su hija a bajarse para que pudiera disfrutar de la vista.

Mirando el arco iris, preguntó: "Precioso arco iris, ¿cómo es que brillas tan radiantemente?"

El arco iris contestó: "Mi querida niña, tengo una vida muy corta. Sólo existo durante el lapso de tiempo en el que coinciden la lluvia y el sol. En lugar de lamentarme por mi corta existencia, he decidido hacer lo más feliz posible a la mayoría de la gente. Y, cuando lo decidí, me convertí en radiante y bello."

Y mientras el arco iris hablaba, fue desapareciendo hasta extinguirse en su totalidad. La pequeña niña miró con todo su amor y admiración hacia el lugar en el cielo donde había aparecido el arco iris. Desde aquel día, la niña ya no fue nunca más la misma de antes. En lugar de sentirse abatida y triste por su discapacidad, procuró sonreír y entregar su alegría y felicidad a los demás. Ciertamente, encontró la satisfacción y felicidad verdaderas.

El arco iris se convirtió en un ser tan bello porque se olvidó de sí mismo y entregó su vida a los demás. De igual manera, cuando nos olvidamos de nosotros mismos y vivimos por la felicidad de los demás, experimentamos la belleza auténtica de la vida.

El cuerpo tendrá que perecer tanto si trabajamos como si no hacemos nada. Por tanto, en lugar de oxidarnos sin hacer nada para la sociedad, es mejor agotarse haciendo buenas acciones.

En el Sanatana Dharma –la Religión Eterna (conocida comúnmente como hinduismo)– hay el siguiente mantra: "Lokah Samastaha Sukhino

Bhavantu." El significado de este mantra es: "Que todos los seres en todos los mundos sean felices."

De acuerdo con las Escrituras de la India, no hay diferencia entre el Creador y la creación, así como no hay diferencia entre el océano y sus olas. La esencia del océano y sus olas es una y la misma: el agua. El oro y los ornamentos de oro son lo mismo porque el oro es la sustancia de la que están hechos los ornamentos. La arcilla y la vasija de arcilla son al final lo mismo porque la sustancia de la vasija es la arcilla. Por tanto, no hay diferencia entre el Creador o Dios y la creación. Ellos son esencialmente uno y lo mismo: Pura Conciencia. Por tanto, deberíamos aprender a amar a todos por igual, porque la esencia de todos nosotros es una, el Atman; somos todos un alma o Ser. Si miramos externamente, todo parece diferente, pero interiormente todo son manifestaciones del Ser Absoluto.

Dios no es un individuo limitado, que está sentado solo en lo alto de las nubes, en un trono de oro. Dios es la Pura Conciencia que mora dentro de todo. Necesitamos comprender esta verdad, y por tanto aprender a aceptar y a amar a todos por igual.

Así como el sol no necesita la luz de una vela, Dios no necesita nada de nosotros. Dios es el Dador de todo. Deberíamos conmovernos ante el sufrimiento de los demás y servirlos.

Hay millones de refugiados e indigentes en el mundo. Los gobiernos están intentado ayudar a estas personas de muchas maneras, pero el mundo necesita muchos voluntarios que estén dispuestos a trabajar con un espíritu desinteresado.

Un millón de dólares en manos egoístas se convierte en cien mil dólares cuando llega a las personas que lo necesitan. Es como ir pasando continuamente aceite de un recipiente a otro, al final se pierde casi todo en el proceso. Sin embargo, sucede de forma muy diferente con las personas comprometidas en el servicio desinteresado. Estas personas pueden recibir cientos de miles y repartirlos entre la gente más necesitada de forma equivalente. Ocurre así porque su motivación no es interesada, sólo desean beneficiar a la sociedad. Más que tomar alguna parte para sí mismos, ellos entregan todo lo que pueden a los que sufren.

Si tuviéramos, al menos, algo de compasión en nuestros corazones, nos comprometeríamos a trabajar media hora extra cada día en beneficio de los que sufren. Esta es la petición que formula Amma. A través de esta actitud, Amma cree que surgirá una solución para resolver todo el sufrimiento y la pobreza del mundo.

El mundo de hoy necesita personas que expresen su bondad mediante la palabra y la acción. Si proliferan estas personas, se convertirán en un ejemplo para los demás, harán desaparecer la oscuridad en la sociedad y conseguirán que la luz de la paz y la no-violencia irradien de nuevo sobre la faz de esta tierra. Trabajemos juntos para conseguir esta meta.

Que el árbol de nuestra vida quede firmemente enraizado en la tierra del amor;

Que las buenas acciones sean las hojas de este árbol;

Que las palabras amables sean sus flores;

Y que la paz sea sus frutos.

Que crezcamos y nos desarrollemos como una familia unida en el amor, y que podamos celebrar nuestro sentimiento de igualdad, en un mundo donde reine la paz y el contentamiento interior.

Al tiempo que Amma concluye sus palabras, también desearía añadir que, en verdad, nada acaba. Igual que al final de una frase, sólo hay una pequeña pausa, que esta sea una pausa antes de un nuevo principio por el camino hacia la paz. Que la divina gracia nos bendiga con la fuerza necesaria para llevar adelante este mensaje.

Om Shanti, Shanti, Shanti.

www.ingramcontent.com/pod-product-compliance
Lightning Source LLC
Chambersburg PA
CBHW070047070426
42449CB00012BA/3173